Éditions DIASPORAS NOIRES

www.diasporas-noires.com

©Michel Ange 2019
ISBN version numérique : 9782490931002
ISBN version imprimée : 9782490931019
Date de publication numérique : Octobre 2019

Mentions légales

MICHEL ANGE

SECRET DE VIE : LE TEMPS

L'apprentissage de la maitrise du temps
pour gouverner votre vie

ESSAI

À CEUX QUI S'EXERCENT
À LA MAITRISE DE LA VIE

SOMMAIRE

PRÉFACE

J'ai été contraint à une triple lecture, afin et avant, de saisir et comprendre le sens que l'auteur donnait au temps, dans son écrit.

Il m'est apparu utile de revisiter certains instruments qui rendent le temps palpable au commun des mortels ; la montre, le chronomètre et le sablier.

L'écoulement du sable dans cet ancien mesureur, grave d'une façon indélébile dans nos consciences, l'inexorable passage du temps (effrayant, car on ne peut l'arrêter).

Son morcellement (secondes, minutes, heures, jours, mois, années, siècles, millénaires) l'a rendu consommable et toutes nos performances individuelles et collectives sont basées sur ce référentiel.

La datation d'un évènement est au cœur de l'activité humaine, notamment la navigation globale (tout déplacement, quel que soit le mode de transport utilisé) à l'aide d'un système de satellites, qui ouvre l'ère des voyages galactiques (visualisation sphérique du trafic autour du vaisseau spatial).

Hubble nous permet, aujourd'hui, d'admirer les évènements qui se sont déroulés au fond de l'univers, il y a de cela quelques millions d'années. L'espace-temps, une éternité !

Un présent, unique réalité imprégnant nos êtres, aboutissement d'un lointain passé et creuset des futurs possibles.

Pressés, nous sommes, et vouloir tout faire (vivre pleinement sans restriction) dans le temps qui nous est imparti, par cette mortelle condition, durant cet interlude conscient, qui sépare notre entrée (naissance) de notre sortie (mort) de la divine scène.

Jeunes, nous sommes appelés à concilier notre férocité impulsionnelle (du besoin de vivre et d'exister dans la limite du temps qui fuit) et l'impérieuse obligation de conservation de notre habitacle (la Terre), avec une gestion durable des ressources en épuisement.

Le drame est plus grand, pour les jeunes d'Afrique, d'utiliser ce temps si précieux pour sortir de la pauvreté et de la misère, de s'industrialiser sans reproduire les erreurs du passé et d'aller au développement durable avec une responsabilité sociale citoyenne bien partagée.

Que l'auteur, qui a encore du temps (le temps d'une vie), prenne le temps, de nous dire la bonne façon, de faire bon usage du temps qui passe et s'étiole intolérablement.

Emmanuel NGOMBET "DITUNGA OTSARO"

Incubateur d'abstractions positives prospectives.

LE TEMPS

Le temps est une notion importante de notre vie. Selon le contexte dans lequel on veut le comprendre, on peut lui donner plusieurs sens et définitions. Il peut correspondre au passé, au présent et au futur. Cependant il demeure inscrit dans l'histoire de l'Humanité. Je pense que le premier facteur ayant permis aux Hommes de mesurer le temps a été la prise de conscience de la séparation du jour et de la nuit. Ainsi, nous pouvons penser que les Hommes se sont évertués à vouloir maitriser et quantifier l'écoulement du temps durant la nuit et durant le jour. Des outils formidables et bien réfléchis ont vu le jour pour aider l'Homme à avoir une indication du nombre de temps qui peut s'écouler lorsqu'il pratique une activité. De ces outils, celui qui attire le plus mon attention est le sablier. Ce dernier met remarquablement en exergue le déroulement des instants symbolisés par les grains de sable. Le sable s'écoule grain par grain, instant par instant, jusqu'à ce que le sablier se vide. Ensuite, tel après une journée qui s'achève et une autre commence, on peut retourner le sablier pour recommencer à observer l'écoulement des grains. De nos jours sur tous nos appareils électroniques, l'heure est mentionnée. Chacun a accès librement à cette information à tout moment. Or la seule justification logique d'avoir développé des outils qui permettent de mesurer le temps, c'est de pouvoir maitriser le temps et organiser ses journées. Une telle maitrise devrait aboutir au bonheur quotidiennement. Tous ceux qui possèdent des montres devraient être capables de profiter pleinement de chaque moment de la journée, avec une intensité digne de la particularité et du caractère unique de chaque seconde. Le temps reste le même, mais les instants ne se ressemblent pas. La maitrise du temps permet d'être heureux et d'organiser son quotidien. La notion de maitrise du temps laisse penser que le temps est quelque chose de malléable, ce qui ne peut être le cas. Maitriser le temps, revient à connaitre la manière dont les heures défilent sur une horloge au fur et à mesure que le soleil se lève et se couche en laissant place à la lune continuellement. Par contre, maitriser le temps pour réussir, c'est organiser sa journée par la connaissance de l'écoulement du temps, en faisant des activités qui vont nous amener à la réussite une priorité. Aussi, maitriser le temps pour réussir et être heureux, c'est organiser sa journée de telle sorte que les activités qui nous rendent heureux et participent à notre réussite soient prioritaires. Par prioritaire, on entend un investissement particulier en temps. Le temps est une ressource des plus rares, car tous les Hommes détiennent une part limitée de temps. L'investissement qu'on peut en faire ou la capacité à choisir le nombre de temps qu'on peut consacrer à un domaine de notre vie, déterminent ce que nous sommes et ce que nous serons. Le fruit de cet investissement peut être bien ou mauvais selon l'idée première et l'utilité d'une activité. Tout est bon, mais tout n'est pas utile, phrase très populaire qui résume la variabilité de l'utilité qu'on peut attribuer à une activité qui nous prend du temps. En cela, le plus important est que les activités pour lesquelles on consacre plus de temps, soient utiles. Avant d'aborder la notion d'utilité, il faut bien comprendre celle de l'organisation des taches journalières, permettant de réussir et d'être heureux. Organiser revient aussi à ordonner la manière de consacrer aux différentes activités de notre vie, chaque moment de notre temps limité.

L'ORDRE DU TEMPS

Lorsqu'on se donne la peine d'observer un moment la nature et le monde qui nous entoure, on se rend compte que le temps est ordonné. Chaque chose dans la nature est faite selon son temps et chaque instant compte de telle sorte qu'aucune tierce n'est gaspillée. Chaque seconde, le monde change dans sa partie infiniment petite et invisible à l'œil nu. Pour se faire une bonne idée de ce changement instantané, il faut regarder les documentaires d'étude sur les fleurs et les plantes en général. Lorsqu'on place une caméra devant une plante et qu'on observe cette dernière évoluer durant une certaine période, puis on regarde la vidéo en mode ralenti, on se rend compte à quel point des changements minimes sont réalisés chaque jour.

Le temps ne doit pas se perdre, mais s'ordonner de telle manière qu'il puisse répondre à nos besoins d'évolution. Chaque cycle ou période de la nature est régi par une durée bien déterminée. Les saisons varient en fonction du lieu géographique où on se trouve. La réaction des animaux, de ces êtres qui peuplent la nature, est fonction de chaque saison. Tout ce qui existe dans la nature remplit son rôle et se meurt progressivement.

Les sages de tout temps ont beaucoup médité sur la transformation de la chenille en papillon. Tout ce que la chenille fait, concourt à la préparer au moment où dans la chrysalide, elle va travailler à son évolution pour devenir un papillon.

Les Hommes ont eu raison de fragmenter le temps afin qu'il soit mesurable. Les animaux et les plantes n'ont pas besoin d'horloges. Ils connaissent intuitivement à travers leurs instincts, les différents cycles de la nature, car ils en font partie intégrante. L'Homme s'étant depuis des millénaires ou peut-être plus, séparé de la nature dans le sens où il s'est placé comme maitre de la nature, s'est vu progressivement perdre les instincts qui lui permettaient de maitriser intuitivement les cycles naturels. Les besoins de plus en plus complexes de l'Homme ont détourné son attention. Heureusement, la nécessité de gérer le temps pour réaliser ses tâches selon ses besoins, a abouti à la découverte de moyens scientifiques pour fragmenter le temps. Les scientifiques du passé ont dû faire beaucoup d'expériences, les prouver et observer les astres pendant plusieurs années pour que nous puissions arriver à une maitrise des cycles. Ce sont des vies entières, consacrées à la recherche, qui ont permis d'avoir des siècles plus tard un petit instrument portable ; une montre à notre poignée. Cela en valait-il vraiment la peine ? Je dirais oui. Est-ce que les gens s'en rendent compte ? Pour répondre à cette question, il faut analyser la manière dont les gens utilisent leur temps.

LE GASPILLAGE DU TEMPS

Le 21ème siècle est une période des plus marquantes pour l'Humanité. Les réseaux sociaux et internet sont venus faciliter la circulation de l'information. Tous les canaux deviennent bons pour diffuser diverses informations. Malheureusement, l'excès de l'information et le flux trop important d'informations à la seconde, ont formaté et reformé les cerveaux des plus jeunes, en les rendant toujours à l'affut des informations. Ce n'est pas la quantité des informations qui compte, mais la qualité. Or, la plupart des gens aujourd'hui veulent toujours en connaitre plus, sans vraiment comprendre l'information et pouvoir la décortiquer.

Le nombre de distractions a augmenté, les contenus multimédias deviennent de plus en plus longs dans le temps. Les gens perdent des heures, des journées, des mois et des années à ne rien faire de particulier à part emmagasiner des tonnes d'informations inutiles. Il y a encore quelques années, les enfants jouaient pour apprendre de nouvelles choses. Aujourd'hui, enfants, jeunes et adultes jouent pour désapprendre. Les activités quotidiennes ont tendance à nous éloigner de nos objectifs réels, encore faudrait-il savoir ce que nous voulons.

En ces temps modernes, les gens vous diront qu'ils n'ont jamais le temps. Le travail est contraignant, les études également, cela ne laisse plus de flexibilité dans l'emploi du temps. Lorsqu'on y regarde de plus près, il y a du temps, mais le problème c'est que nous définissons quelques fois mal nos priorités. Il y a tellement de petites choses, infimes et insignifiantes en apparence, que nous faisons ou que nous regardons faire, qui au final nous prennent énormément de temps dans une semaine, un mois et une année. Ces choses nous amènent à focaliser toute notre énergie sur un but ou un objectif qui s'avère être contre-productif.

Je vais donc tenter de parler de ces petites choses qui nous prennent du temps sans qu'on s'en rende compte.

LES AMIS

Certains trouveront peut-être étonnant, que je puisse parler des amis, sans préciser peut-être le type d'amis en particulier qui peuvent constituer des distractions, nous empêchant de maitriser notre temps limité. Toutes les catégories de personnes que nous fréquentons sont concernées. Aujourd'hui, nombreuses sont les personnes qui ne savent plus faire la différence entre les connaissances, les amis et les proches. Les connaissances sont censées être des personnes que nous connaissons, mais que nous ne voyons pas, ou presque pas, et avec lesquelles nous n'avons pratiquement pas de contact. Les amis sont les personnes avec qui on a certaines affinités, qu'on peut rencontrer occasionnellement, et avec qui on est en communication. Néanmoins, il existe des amis avec qui on a été très proche à un certain moment, et de qui sans avoir eu de différend, on s'est éloignés. Par contre, chaque fois que l'on se revoit, c'est toujours un moment intense de partage et de bon temps. Les amis proches sont les personnes avec qui nous avons une relation intime et sur lesquelles nous pouvons compter.

Aujourd'hui, il y a une sorte d'amalgame entre les différents types d'amis. Les réseaux sociaux ont donné l'impression aux gens qu'il fallait à tout prix avoir beaucoup d'amis pour se faire accepter par tout le monde. L'inverse également, avoir très peu d'amis est peu recommandable surtout pour une personne soucieuse d'avoir une vie épanouie. Ce n'est pas la quantité qui compte, mais la qualité.

D'abord, il faut savoir bien catégoriser ses relations ; bien les ordonner. Éviter de se disperser dans les bavardages inutiles. Il faut reconditionner ses relations, et surtout connaitre les raisons qui nous poussent à mettre telle ou telle personne dans une catégorie. Connaitre également ce que l'on veut. Les proches que nous avons, sont en fonction de notre capacité à savoir clairement ce que nous voulons dans la vie. Apprenez à savoir ce que vous voulez sur le court terme et sur le long terme. Ces objectifs ne doivent pas être matériels en particulier. En termes d'amitié, lorsque je dis « apprenez à savoir ce que vous voulez », c'est apprendre en vérité à connaitre la qualité de la personne que vous voulez être dans un futur proche. En effet, on voit souvent des gens qu'on peut considérer comme des modèles de réussite ; on veut ressembler à ces personnes. Le réel intérêt de ces démarches, ce que nous cherchons dans le fond, c'est avoir les qualités et développer les attitudes de ces personnes que nous trouvons enviables ou auxquelles nous voulons ressembler.

Chaque fois que nous voyons une personne qu'on veut prendre pour modèle, il faut se poser la question de savoir, quelles sont les qualités et les habitudes qu'a cette personne qu'on aimerait bien avoir, qui du point de vue extérieur, lui permet de faire des choses qui attirent notre attention.

Plutôt que de chercher à se perdre dans des spéculations sur notre futur, il faut savoir qui on veut devenir ou ce qu'on veut posséder, puis fragmenter ce personnage fictif en qualité à avoir et en habitudes de vie à incorporer dans notre quotidien, pour devenir la personne qu'on veut être. Si on veut devenir chef d'entreprise, il faut certaines qualités à part le capital pour lancer son affaire. Un bon chef d'entreprise doit avoir le sens de l'organisation, être ponctuel, avoir de la compréhension, être à l'écoute des besoins des autres, savoir mener des projets, gérer correctement ses finances, planifier ses activités, avoir une énergie à toute épreuve et bien d'autres qualités. Il faut identifier les amis qui nous éloignent des qualités qu'on aimerait acquérir, après les avoir répertoriées. C'est difficile, mais cela est nécessaire pour mieux maitriser son temps et le mettre au service de sa réussite ; cela s'applique à tous les domaines de la vie.

Il faut garder comme amis proches des personnes avec qui on peut facilement tendre vers la réalisation de nos objectifs, notamment l'obtention des qualités et des habitudes que nous trouvons fondamentales, pour devenir la personne que nous voulons être. Ce genre d'amis, avec qui on évolue d'année en année et selon les âges, puis avec qui on peut parler de choses sérieuses. Maitriser le temps pour réussir, c'est mettre tous les aspects de notre vie au service de la réussite. Rien ne doit être inutile, les conversations avec les amis, les hobbies ; tout doit être un moyen de plus pour se recentrer sur nos objectifs et l'essentiel.

Il faut donc éviter le genre de personnes qui ne parlent que de faits inutiles. Et, surtout éviter les relations conflictuelles. Il est un fait étonnant en ce 21ème siècle, des gens qui ne s'aiment pas, mais se côtoient par hypocrisie, tout simplement pour toujours savoir ce que chacun fait dans sa vie et pour continuer à médire en entretenant le conflit. Il faut couper tout contact avec les personnes qui nous entrainent dans des conflits sans intérêts pour notre avenir ; cela est une immense perte de temps. Nous n'avons pas besoin de nous informer de tout. Nous sommes seuls responsables du temps limité dont on dispose. Il faut veiller à continuellement être dans un mouvement d'évolution et de perfectionnement, comme la nature qui évolue et change continuellement.

Aussi, comme la chenille qui doit passer par la chrysalide pour évoluer, il faut comprendre par là que tout changement, aussi petit soit-il, impose un passage dans la chrysalide, c'est-à-dire un moment d'introspection, de remises en question et de solitude.

La solitude est un outil de changement. Pour mener à bien des réflexions, il faut savoir être seul, sans trop d'influences extérieures. Cela permet aussi d'apprécier sa propre compagnie. La première personne avec qui nous devons être ami c'est nous-même. La personne qu'on doit étudier et qui doit être parmi nos soucis majeurs c'est nous. Le seul moyen de pouvoir se connaitre, est de se réserver toujours quelques minutes d'intimité avec soi-même, après une journée, en fin de semaine et à la fin de chaque mois. Il ne faut pas vivre au gré des évènements, mais les anticiper parce qu'on a compris comment nous fonctionnons. Il faut prévoir les conflits relationnels ou les situations avantageuses. Pour ce faire, il faut juste être observateur et s'étudier soi-même. Le temps consacré à ce genre d'activités, qui ne demande rien de matériel, juste notre mental, s'avère ne pas avoir de prix. Les choses les plus chères sont immatérielles et n'ont pas de prix. Il faut veiller à développer sa relation avec soi-même pour mieux choisir ses proches et apprécier leur apport à notre vie.

Toute situation n'est pas forcément négative, chacune des personnes qu'on fréquente ou qu'on a fréquentées, peut nous enseigner quelque chose. Il faut toujours chercher les leçons que les autres peuvent nous enseigner indirectement par leur façon d'être. On peut avoir des problèmes avec un ami arrogant, mais peut être qu'avant de nous séparer de cet ami, nous devons nous rappeler, qu'il ne faut jamais qu'on soit arrogant, peu importe ce qu'on parvient à accomplir. Il peut y avoir plusieurs exemples, et quelquefois aussi ce qu'on peut détester chez l'autre ou ce qui nous repousse, est ce qu'on repousse à l'intérieur de nous-même. De ce fait, on ne supporte pas de voir chez une personne, ce que nous nous efforçons de dissimuler en nous-même. Il faut donc accepter nos faiblesses, pour ne pas tomber dans le piège, de repousser un ami qui a un défaut que nous combattons.

La tolérance et l'honnêteté doivent être primordiales dans notre relation avec nous-même. Certaines personnes sont retardées dans leur processus d'évolution et de développement personnel, parce qu'elles ne savent pas se montrer honnêtes envers elles-mêmes.

Voilà pourquoi, il est impératif de développer des qualités, qui nous permettent d'atteindre notre niveau de réussite souhaité, en choisissant nos fréquentations, dans un environnement qui favorise cet élan d'évolution.

LA PRÉSERVATION DE LA SANTÉ

Il peut être assez incompréhensible, d'aborder le sujet de la préservation de la santé dans un ouvrage consacré au temps ; ce n'est pas anodin. Le corps humain est un excellent outil parfaitement élaboré pour la vie humaine sur Terre. Notre organisme s'entretient et se régénère seul. Ainsi, pour mieux gérer son temps, il faut coopérer avec le corps en favorisant la bonne marche de ses fonctions régénératrice. Un corps en pleine santé est un allié de taille dans la réalisation de nos objectifs journaliers et la meilleure maitrise de notre temps.

Pour coopérer au maintien de la santé ou à son rétablissement dans notre corps, il faut veiller à ne pas mener des activités qui peuvent créer un déséquilibre dans notre organisme. L'énergie physique que nous possédons, nous vient essentiellement de ce que nous mangeons, de ce que nous buvons, et de l'air que nous respirons. Il est important pour celui qui veut maitriser le temps, ses journées et ses semaines, de ne pas tomber malade au risque de se voir être ralenti dans l'exécution de son programme. En cela, il faut d'abord veiller à avoir une alimentation saine à des heures précises. Il faut éviter les produits chimiques et prioriser les produits bios. Surtout, pour les plus prudents, consommer des traitements naturels, préventifs, des antibiotiques. Je ne vais en citer aucun en particulier. Nombreuses recettes de ces cocktails de préservation de la santé sont disponibles sur internet. Il faut juste faire l'effort de chercher. Quelques-uns peuvent trouver les recettes naturelles permettant de prévenir certains maux de mauvais goût. Malheureusement, en devenant adulte, on constate que tout ce qui est bon pour la bouche n'est pas forcément bon pour l'organisme et tout n'est pas forcement utile. Vouloir maitriser le temps c'est tenter de rendre toutes les actions quotidiennes utiles à ses objectifs et son devenir. Ce qui est amer et surtout naturel est généralement bien pour la santé. Vouloir réussir en apprenant la maitrise de son temps limité, c'est aussi faire des sacrifices alimentaires. Ce n'est pas chose facile, mais la satisfaction est tellement grande lorsqu'on réussit à accomplir quelque chose en bonne santé ; lorsqu'on sait, qu'on ne souffre d'aucune maladie qui pourrait nous priver de la présence des êtres qui nous sont chers.

Nombreuses sont les personnes, qui sont en difficulté et ont des problèmes pour atteindre leurs objectifs du fait de la procrastination. Elles sont devenues lourdes à force de manger de manière désordonnée. Lorsque je parle de lourdeur, je fais allusion à cette fatigue qui nous entraine chaque instant au lit ou sur le canapé après avoir consommé notre repas. Il ne faut pas devenir esclave des besoins vitaux en les pervertissant à travers un manque de contrôle. Il n'y a rien de pire pour un être humain, que d'être esclave de ses propres envies. Il n'y a rien de pire que de savoir que, ce qui fait de nous des êtres libres à la différence des animaux, devient une prison dorée. Il faut se donner les moyens de toujours garder un contrôle sur les besoins primaires et bien d'autres.

Ensuite, il faut veiller à respirer de l'air de bonne qualité. En ces temps, il devient difficile de le faire compte tenu de la pollution environnante. Néanmoins, nous devons éviter de polluer davantage notre organisme avec toutes sortes de substances diverses. Il n'y a rien de pire pour l'organisme que de subir constamment les effets du tabac pour ne parler que de cette substance.

Fumer c'est bien pour certains, mais ce n'est même pas utile. Les fumeurs sont tellement ancrés dans leurs habitudes qu'ils ont oublié qu'il fut un temps où ils ne fumaient pas et que cela ne changeait rien à leur vie. Ils se réveillent et passent leur journée à vaquer à leurs occupations sans penser un seul instant à la cigarette. Pensez à ces instants lorsque vous voulez arrêter, car fumer est une perte de temps et c'est une habitude contre-productive pour l'organisme.

En plus, c'est malsain d'être par exemple en train d'effectuer une tâche importante pour nos projets et notre avenir, puis se retrouver soudainement à penser à allumer une cigarette. Cela veut dire que nous avons fait de ce besoin, un besoin vital au point de ne plus pouvoir nous concentrer sur une longue durée sans y songer.

Il existe plusieurs techniques sur internet dédiées aux fumeurs afin de les aider à mettre fin à leur habitude. Je ne sais pas laquelle est la bonne. Je pense que chacun, en fonction de son vécu, de sa première cigarette et de son organisme, trouve ce qui peut lui correspondre le mieux. Dans cet ordre d'idée, tout ce que je peux dire à ceux qui liront ces lignes et éprouveront le besoin de combattre cette habitude, est qu'il faut beaucoup de volonté et une force mentale capable de transcender la tentation. Facile à écrire, mais très difficile à réaliser, voilà pourquoi j'emploie le terme combat. Car effectivement toute action menée pour tenter de maitriser nos habitudes et nos besoins, est un combat contre nous-même, du moins, la partie de nous qui trouve des arguments pour maintenir les habitudes ou les envies que nous voulons éliminer.

Puis, il est important de veiller à boire des boissons de qualité. Celui qui aspire à réussir et à maitriser son temps doit éliminer ipso facto la possibilité de se retrouver en état d'ébriété. On peut à un certain âge, par ignorance faire quelques excès, mais il faut se réveiller et s'éveiller. Nos besoins ne peuvent pas être une prison. Il faut être capable de s'abstenir de tout ce qui n'est pas utile pour notre organisme. En ce qui concerne l'alcool, être modéré ou ne pas en prendre carrément. Certaines personnes sont très intelligentes, mais accros à l'alcool ou au tabac, ce qui a un impact négatif sur la bonne marche de leur carrière ou la réalisation de leurs projets. Il faut savoir se faire violence. Il en va aussi des économies et de la gestion de son budget mensuel. On croise trop souvent des personnes fauchées qui ont toujours l'argent pour des futilités. Apprendre à gérer ses finances est un enjeu majeur pour l'être humain au 21ème siècle. Il faut être un écologiste financier, pratiquer l'écologie de l'argent, c'est-à-dire ne pas gaspiller inutilement. Il faut investir dans ce qui peut être une valeur ajoutée réelle pour nous. Je pense que dépenser son argent dans l'alcool et le tabac ne constitue aucune valeur ajoutée.

Enfin, il est important de pratiquer le sport pour conserver une santé de fer. Aujourd'hui on parle de plus un plus de sport et de bien-être. Effectivement le sport doit faire partie intégrante de la vie, car il n'a que des avantages pour le corps. Pour s'en convaincre, il suffit de s'attarder sur des notions comme le work-out, expression en anglais qui veut dire dans le milieu sportif, travailler sans instruments à l'aide de son corps. Le corps humain est tellement parfait qu'il constitue en lui-même l'appareil de musculation le plus sophistiqué. Comme on dit souvent, la simplicité est la sophistication suprême. La nature a fait les choses de telle sorte que nous n'avons pas besoin d'aller à la salle de sport ni d'aspirer à devenir un bodybuilder pour faire du sport.

J'aime l'expression bodybuilder, car elle suppose que l'on construit son corps. Cela est vrai, car faire du sport c'est en quelque sorte construire et façonner son corps. C'est avoir un réel pouvoir sur sa vie en décidant d'avoir des abdos ou des pectoraux développés. C'est une réelle expérience de liberté. C'est une soumission à une activité saine, qui nous permet d'accomplir plus de choses dans notre quotidien, grâce à l'énergie qui résulte de la pratique assidue du sport.

On peut faire du sport ou faire un sport. En revenant sur la notion de work-out, on se rend compte que tout est déjà en nous, toutes les choses que nous recherchons, il suffit de les trouver et d'y consacrer le temps qu'il faut. Les pompes, et tous les exercices pouvant être effectués avec le poids du corps sont aussi efficaces que les exercices effectués en salle de sport. Après, en fonction des objectifs physiques que l'on peut se fixer, on choisit l'un ou l'autre.

La course à pied est l'une des pratiques les plus recommandées. Elle fait travailler tout le corps.

Tous les grands hommes ou femmes font du sport, et par extension, les peuples, où la pratique d'une activité sportive est culturelle, sont généralement très dynamiques et la population bénéficie d'une longue espérance de vie. Rien que pour ces raisons, il faut songer à faire du sport. En plus, il est prouvé scientifiquement que la pratique du sport améliore nos capacités mentales et intellectuelles.

Certaines personnes ne justifient leurs mauvaises habitudes et leurs excès que par le fait qu'il faut choisir sa façon de mourir. Je dirai plutôt qu'il faut choisir la manière dont on veut se souvenir de nous-même. C'est triste de laisser le souvenir d'une bonne personne morte parce qu'elle était incapable de contrôler ses besoins.

Il est vrai que tomber malade ou contracter une maladie n'est quelquefois pas de notre ressort. Nous avons pour devoir de mettre tout en œuvre, pour conserver notre santé, rien que pour ce que la vie a de meilleur à nous offrir dans le temps, car rien ne dure.

LES RELATIONS AMOUREUSES

Les relations amoureuses, pour ceux qui choisissent d'en avoir, sont assez déterminantes pour notre avenir. Les bonnes relations sont un gain en temps, une brise douce, mais assez forte pour nous aider à avancer sur le sentier de la vie. Les mauvaises sont instructives lorsqu'elles sont de courte durée, prolongées, elles peuvent être un frein à notre épanouissement, un blocage pour notre créativité. Pour optimiser le temps limité qu'il nous est donné de vivre, il faut développer la capacité de pouvoir s'entourer de personnes qui influencent positivement notre vie. La personne avec qui on veut partager sa vie doit être une aide importante dans le processus de réalisation de nos objectifs. Nous devons également l'aider à réaliser ses propres rêves.

L'amour est un rêve, un parfait équilibre entre l'attachement et le détachement, un ensemble d'émotions qui nous font sentir bien ou mal selon notre état mental du moment. Ce rêve devient réalité lorsqu'on arrête de vouloir le contrôle à tout prix. L'amour est à la fois universel et individuel dans son expression. Trop souvent, les informations que nous percevons à ce sujet sont erronées, car chacun doit trouver sa propre définition de l'amour.

Beaucoup échouent dans ce domaine, car ils ne savent pas se connaitre eux-mêmes, se remettre en question, tirer des leçons des erreurs passées, savoir préserver l'équilibre entre leurs désirs et ceux de l'autre. Certains aiment de manière égoïste, quelquefois sans s'en rendre compte en attirant constamment l'attention vers soi, ne donnant pas la force à l'autre de s'exprimer.

Ce qui importe, ce n'est pas d'énumérer les erreurs dans les relations amoureuses, mais de déceler, selon son expérience personnelle, les directives et les principes qui peuvent aider à réussir sa relation.

Pour savoir où l'on va, il faut savoir d'où l'on vient, une phrase assez populaire qui a son importance également dans le domaine de l'amour. Il y a quelques fois des récurrences qui se produisent dans le choix de nos partenaires ou des personnes que nous attirons. Il faut quelquefois s'amuser à les découvrir.

On ne choisit pas les personnes qui nous entourent par hasard, il y a toujours un élément, lorsque l'on y voit un peu plus clair, qui permet de savoir ce qui nous a réellement mené vers ces personnes. La période et notre état mental lorsqu'on rencontre les gens, jouent de beaucoup dans la suite des relations que nous créons. D'aucuns disent même que le coup de foudre c'est être présent au bon moment et au bon endroit. À cela s'ajoute avoir le bon état mental.

Pour être fixé en amour, il faut d'abord savoir ce que l'on veut, sur le court terme et le long terme. Il faut se fixer une vision de sa vie, un but à atteindre et les possibilités que l'on envisage pour l'atteindre. Il faut faire l'exercice un peu banal, mais combien utile qui consiste à écrire et décrire tout ce que l'on veut voir se produire dans notre vie sur papier. Il faut donc décrire notre partenaire, la personne avec laquelle on aimerait se réveiller. Le physique doit être marqué en dernier plan. En premier lieu, il faut savoir le type de partenaire qu'on veut sur les plans intellectuel, mental et émotionnel. Il ne faut pas non plus exagérer ni revoir tout à la baisse. Il faut juste penser à cette personne tout à fait ordinaire qui aurait des défauts. Quelquefois, cela marche lorsqu'on pense à une personne assez différente en apparence de nous. La diversité de partage intellectuel, mental et émotionnel enrichit la relation amoureuse. Lorsque je parle de diversité, je parle de la spécificité de la manière dont chacun peut manifester son amour. Au début, cela peut être facteur de disputes et d'incompréhensions tellement c'est difficile de se comprendre. Lorsqu'on arrive à franchir cette période trouble, la différence de chaque partenaire dans un couple peut devenir une force, et au-delà d'une force, elle peut devenir un moyen pour chacun d'apprendre de l'autre, de corriger sa façon de voir les choses en regardant les évènements et la vie avec d'autres yeux. Il faut toujours avoir à l'esprit que l'on apprend de tout et en particulier de la personne avec qui on est en relation.

Lorsqu'il y a une personne par exemple qui parle moins dans le couple et une qui parle beaucoup, peut être que l'une doit apprendre la tempérance verbale et l'autre à tout dire sans filtre, afin d'améliorer la communication du couple.

En second plan, il faut savoir quelles qualités nous voulons voir chez notre partenaire. Il serait également bien de connaitre les défauts que l'on peut supporter, tout en restant pragmatique. Ensuite, il faut penser au physique qui est également important. On veut peut-être avoir des enfants, donc il faut penser à avoir un partenaire ayant de bons gènes. Il faut donner le maximum de chances aux enfants afin qu'ils soient en bonne santé. Il faut également leur donner la chance d'avoir de beaux traits de visage. Puis, concevoir le tout et se représenter la personne mentalement. Après, se poser la question que beaucoup fuient, celle de savoir, si cette personne serait attirée par une personne comme nous, dans la mesure où elle existerait. Que faire pour être le genre de personne qui attire la personne que j'ai décrite sur le papier ? Quelles activités peuvent me mener vers la personne que j'ai décrite ? Il faut essayer de savoir si l'on est prêt à connaitre la personne qu'on a décrite et envisager d'organiser sa vie de telle sorte que l'on puisse, par nos activités quotidiennes, rencontrer sans grande difficulté la personne qu'on a décrite.

S'il y a une chose importante à retenir, malgré toutes les prédispositions pour maximiser les chances d'être avec la personne que l'on veut réellement, c'est qu'il ne faut pas avoir peur de se tromper, car l'erreur est le propre de l'humain. Au contraire, lorsqu'on fait une erreur, il faut être content de s'être rendu compte de cela. Toutes les relations ne sont pas faites pour durer. Certaines sont juste des expériences qui nous préparent à la personne que nous voulons réellement. D'autres, nous permettent de savoir ce que l'on veut et ce que l'on ne voudra jamais. Les chemins que la vie nous pousse à emprunter pour nous faire comprendre certaines leçons sont indescriptibles au début. On peut vouloir d'un certain type de partenaire, puis après avoir exploré la réalité avec la personne que nous voulions, se rendre compte qu'on n'est pas heureux, car on ne réussit pas à trouver ce point d'équilibre entre les différentes personnalités. Pourtant, les sentiments peuvent être vrais, forts et authentiques, mais la personne peut juste être un moyen pour nous, de comprendre certaines choses à un moment donné de notre vie. Surtout, il ne faut jamais cacher ses déceptions et refouler ses sentiments et émotions. Il faut garder à l'esprit que toute personne avec qui on a partagé des moments intenses de notre vie ne sera jamais complètement effacée de notre mémoire. Quelques fois, une connexion se crée lorsqu'on a été avec une personne. Il faut juste savoir se souvenir de la personne de la bonne manière pour ne pas être affecté longtemps. Se rappeler tout ce qui a été positif et ne se concentrer que sur ces instants de paix et de bonheur, en considérant que nous venons de changer de chapitre dans le livre de notre vie. Nous choisissons de retourner à ce chapitre juste pour faire la paix avec nous-même en conscience et rigoler des erreurs ainsi que des beaux moments.

Tout ceci parce que dans la vie, le meilleur est toujours à venir. Les meilleurs moments sont toujours les suivants. Lorsqu'on se met avec la bonne personne, on est content pour chaque moment, des déceptions et des erreurs qui nous ont conduits à rencontrer cette personne. On se rend compte qu'on a vécu tous les instants précédents pour mieux gérer la relation nouvelle.

Lorsqu'on peut trouver en l'autre une motivation pour évoluer, un équilibre de vie, une envie de donner le meilleur de soi, une raison de ne plus se prendre la tête, une personne qu'on déteste lorsque l'on se met en colère, mais pourtant qu'on aime, qu'on a envie de voir sourire, qu'on veut regarder, qui de jour en jour devient une version améliorée du type de personne qu'on voulait au départ, on peut être sûr, si ces sentiments sont partagés, qu'on a trouvé la personne adaptée à ce que nous voulons.

Puisque nous parlons de temps, les relations amoureuses qui fonctionnent sont celles où chacun évolue librement au perfectionnement de sa propre nature. Le temps passe, les jours défilent, les saisons changent et notre environnement évolue, ainsi un couple doit se donner les moyens de ne jamais stagner et de toujours rechercher l'évolution ; la perfection. Cela empêche à la monotonie de s'installer et rajoute des éléments importants dans le quotidien. Évoluer peut se faire de plusieurs manières. En résumé être en couple ne doit pas empêcher une personne de se développer personnellement ; au contraire cela doit être un élément qui nous booste encore plus en nous aidant à évoluer sur tous les plans définis précédemment.

Il ne faut jamais cesser de se plaire mutuellement, physiquement, intellectuellement et émotionnellement. Ceci n'est possible que, lorsque, tout en étant ensemble, chacun trouve le temps de travailler à son amélioration ; à la réalisation de ses rêves. L'amour est un équilibre, des ponts que nous construisons entre nos rêves et ceux de l'autre.

Nous sommes chacun une expérience pour l'autre. Nous sommes sensés par nos relations, nous enseigner mutuellement des leçons utiles à notre évolution personnelle. Il ne faut jamais être déçu de l'issue d'une relation, ne jamais avoir peur de décevoir ou d'être déçu. Nous avons durant notre parcours fait du tort, peut-être volontairement ou involontairement. On ne peut pas être certain de ne jamais vivre les émotions qu'on a pu susciter chez les autres un jour ou l'autre. Il faut juste développer la capacité de rester positif même lorsque l'on traverse des périodes difficiles. Et surtout, il faut transcender les émotions, sentiments et les pensées négatives, dans le sens qu'on extrait toujours de bonnes choses, même de ce qui au départ peut sembler être négatif. Ce mode de pensée nous évite d'en vouloir aux autres et nous permet d'accepter librement ce qui peut nous arriver, sachant que nous avons une part de responsabilité et que le meilleur est toujours à venir. Tous les moments ne sont pas forcément heureux. Il faut profiter pleinement de nos relations, même si au final on peut être déçu. La déception ne doit même plus être une préoccupation, parce qu'il y aura toujours mieux après.

LA TÉLÉVISION

Il n'y a pas d'activité plus improductive au 21ème siècle que celle qui consiste à passer son temps devant la télévision. Un exemple très marquant prouve que les personnes qui réussissent, donc maitrisent leur temps, ne suivent pas la télévision. On a une fois demandé au patron de l'entreprise de fabrication de voiture de luxe Rolls Royce, pourquoi cette marque de véhicules ne fait jamais de publicité. Au fait, avez-vous déjà regardé une publicité de Rolls Royce à la télé ?

Vous répondrez certainement non. Le patron de Rolls Royce avait signifié à celui qui l'interviewait que sa clientèle n'a pas le temps de regarder la télévision. Vous avez sans vous rendre compte devant vos yeux, une partie de la réponse à la question quelles sont les habitudes de vie des personnes les plus puissantes du monde. Il est important aussi de remarquer, qu'on ne peut voir à la télévision, les publicités pour la vente de jets privés. On vend ce genre d'appareils chaque année, mais la plupart des gens ne sont même pas invités aux expositions de jets privés. C'est un fait très explicatif du fonctionnement du monde. Les personnes réellement fortunées gèrent leur temps et ne regardent pas la télé. Les entreprises qui fournissent des services à ces personnes n'ont pas besoin de bruit et de publicité pour écouler leurs produits. La qualité des services est au rendez-vous, et les produits sont personnalisés en fonction des besoins du client. C'est carrément l'opposé de ce qui est fait dans l'industrie destinée aux masses.

On raconte des histoires à la télévision, le plus souvent, les informations sont utilisées pour mettre en évidence ce que celui qui produit l'information veut que les téléspectateurs prennent comme vérité.

La télévision est l'un des outils technologiques les plus infantilisants qui existent. Un enfant pour comprendre le monde et son environnement regarde, observe, écoute et ressent. L'enfant au début de sa vie ne jouit pas de la liberté de choisir les informations qu'il veut emmagasiner. Il est soumis à son environnement. Devenu adulte, chacun en fonction de sa personnalité doit pouvoir chercher les informations utiles à son développement personnel. L'adulte doit pouvoir mener des activités utiles qui lui permettent de vivre la vie pleinement, pas de rêver et de se contenter de regarder les autres vivre.

La télévision transforme les téléspectateurs en enfant, surtout la télé-réalité. Le pire c'est que l'on paye pour devenir un être humain improductif. Je ne dis pas que toutes les émissions sont mauvaises, néanmoins il existe actuellement l'internet. On peut regarder les émissions de notre choix sur une télévision à l'heure où on est disponible pour nous permettre justement de rester concentrés sur les activités importantes. Tout est fait dans le monde pour nous distraire. Le secret de ceux qui réussissent, c'est qu'ils ont conscience de leur pouvoir de choisir quelle distraction va occuper leur esprit et à quel moment il convient le mieux de se distraire. Je ne parle pas de distractions qui vont occuper le temps, mais de celles qui vont occuper l'esprit. Le temps n'a pas d'existence réelle. Ce qui est réel c'est nous, la perception qu'on veut avoir du monde et la manière dont nous agissons dans le monde pour matérialiser les idées conçues par notre esprit.

Pour bien occuper notre esprit et être productifs, il faut conserver une attitude positive. Il faut se maintenir dans les émotions positives. Le plus souvent, la télévision fait plonger le mental dans des raisonnements qui n'ont aucune incidence directe et indirecte sur notre vie. Lorsqu'on finit de suivre un programme, on retourne à la vie réelle, mais l'esprit suggère au mental des réflexions directement issues de ce que nous avons vu et entendu dans le programme. Au lieu de se mettre à réfléchir à des problèmes sérieux concernant notre vie ou à un business qui peut nous rapporter de l'argent, on est perdu dans les réflexions en tout genre. Le sommeil quelquefois est même troublé. On rêve de certaines choses qu'on a vues à la télé au lieu de rêver de la solution au problème que nous voulons résoudre.

La télévision est une perte de temps. Préférez regarder les programmes directement en relation avec vos objectifs de réussite et en rediffusion.

Les personnes les plus riches du monde ne regardent pas la télé pour ne pas rendre leur esprit victime d'influences qui pourraient les déconcentrer dans l'accomplissement de leurs tâches quotidiennes.

Tout ce qu'on regarde et écoute à une influence directe sur nous. L'enfant pour apprendre une langue observe juste, écoute et mémorise. La différence avec l'adulte c'est que l'enfant ne pense à rien d'autre en particulier qu'à ce qu'il est en train de faire. Un enfant en bonne santé est concentré à tous les moments de sa journée. Lorsque l'enfant joue, il est concentré. Il considère chaque action comme un apprentissage. L'adulte a oublié que cela n'a pas changé. Il a peut-être perdu sa capacité à être concentré à tout moment, mais il peut la retrouver à force de travail et d'exercices. Voilà pourquoi, il faut se méfier des activités durant lesquelles nous sommes concentrés, lorsque celles-ci n'ont aucun intérêt pratique pour notre vie.

L'esprit est toujours en train d'apprendre et d'emmagasiner de l'information. Gérer son temps, c'est consacrer son attention aux activités utiles pour notre réussite. Rapporté à la télé, cela signifie qu'il faut bannir les heures devant la télé et optimiser son temps en ne sélectionnant que ce qui peut être utile. Surtout, il faut éviter les programmes qui détruisent notre bonne humeur avec des réflexions créant des émotions négatives ou un mal-être.

LES RÉSEAUX SOCIAUX

Ce qui est valable pour la télé, est également valable pour les réseaux sociaux. Les réseaux sociaux sont vraiment des outils puissants pouvant nous construire, ou nous détruire.

Ils peuvent nous construire dans le sens où ce sont des bons moyens de s'informer, de retrouver facilement des personnalités inspirantes, des vidéos de motivation, des documentaires, des astuces pour faciliter son quotidien, des musiques relaxantes, des faits scientifiques inconnus, des livres audio et plein d'autres choses utiles. Je peux passer des heures à parler des éléments utiles qu'on peut trouver sur les réseaux sociaux.

Les réseaux sociaux peuvent nous détruire en ce sens que certaines informations sont inutiles et parfois même nocives. On ne peut pas passer sa journée sur les réseaux sociaux à moins que ce soit une source de revenus pour nous.

Aujourd'hui avec les statuts en temps réel sous forme de vidéos, les gens perdent de plus en plus leur temps sur les réseaux sociaux. On pense que comme les vidéos ne durent que quelques secondes, on peut les regarder vite fait. On se met à défiler sur les profils de tous nos contacts et deux heures se sont écoulées. On n'a rien appris de productif, on a vu des vidéos qui nous ont même énervés ; certaines qui créent la jalousie, d'autres l'envie et on n'en finira pas d'énumérer toutes les émotions négatives que les réseaux sociaux peuvent faire naitre.

On consacre de l'énergie pour construire une image de nous sur les réseaux sociaux, tandis qu'on oublie de consacrer de l'énergie pour se construire dans le monde réel.

L'énergie va là où l'attention coule. Si on consacre le temps que l'on passe sur les réseaux à réellement se poser les bonnes questions, qu'est ce qu'on peut faire de légal pour augmenter ses revenus, quels sont les personnes qui réussissent dans les domaines qui peuvent m'inspirer, comment elles ont fait, qu'est ce qu'il faut apprendre en termes d'informations et de connaissances pour être une meilleure version de nous-même.

Si on consacre les réseaux sociaux à des buts utiles, notre vie va changer. On pourra recevoir l'inspiration et l'intuition pour nous amener là où nous voulons aller. Celui qui vit pleinement sa vie est tellement occupé, qu'il n'a pas le temps ou plutôt de l'énergie à dépenser sur les réseaux sociaux.

Les personnes les plus puissantes du monde n'utilisent pas les réseaux sociaux ou très peu. Certains ont même une équipe de communication chargée de gérer l'image sur les réseaux sociaux.

Le danger c'est lorsqu'on parvient à s'inventer une vie sur les réseaux sociaux qui ne reflète pas la réalité. On s'enferme dans une prison d'illusions qui nous empêche de penser à autre chose qu'à la préservation de notre illusion.

On ne peut pas également passer son temps à discuter sur les réseaux sociaux. Préférez appeler et rencontrer les personnes qui vous sont chères dans la mesure du possible. Les petits messages sont importants, mais les discussions de plusieurs heures pour parler de futilités sont à bannir s'il faut se donner une chance de réussir.

Il faut profiter de l'accès à d'innombrables contenus comme les livres audio pour s'informer pendant que nous sommes en train de faire une autre activité comme le ménage par exemple.

Toutes nos interactions doivent être utiles. L'objectif n'est autre que de conserver une attitude positive. Nous sommes ce que nous pensons et faisons. Il ne faut pas se contenter d'être un spectateur de la vie des autres. Se mettre à spéculer et débattre sur des personnes qu'on ne connait pas et qui surtout ne font pas d'activités positives. Ce n'est pas productif de voir un riche qui expose sa richesse. Les vrais riches partagent des conseils, pas uniquement leur vie.

Dans la vie, il ne suffit pas d'être riche sur le matériel pour être une bonne personne, il faut également être riche du cœur.

Il faut soigner son image sur les réseaux sociaux, car c'est l'un des moyens par lesquels on peut se faire une idée de notre personnalité. Néanmoins, il ne faut pas laisser l'image devenir plus importante que la personnalité réelle.

COMMENT MAITRISER SON TEMPS

La simplicité est la sophistication suprême. Cette citation résume ce qu'il faut faire pour maitriser son temps. En effet, de nos jours, les choix les plus simples sont ceux qui sont difficiles à prendre. Les personnes qui maitrisent leur temps ne font que des choix simples à longueur de journée.

Pour choisir, il faut savoir ce qu'on veut. Pour savoir ce qu'on veut, il faut d'abord être conscient de ce qu'on est en tant que personne. Il faut que nous puissions apprendre à nous connaitre, savoir quels sont nos faiblesses et nos points forts, nos aptitudes, nos complexes et nos peurs.

Ensuite, il faut savoir ce que l'on veut être, la version de nous qu'on veut devenir. Enfin, il faut qu'on puisse consacrer chaque minute et chaque seconde de notre temps à devenir cette version de nous que nous voulons devenir. Il y a un bon moyen de bien intégrer en pensée ce que nous voulons devenir. Il faut se visualiser régulièrement tel que nous voulons être et en train de faire ce que nous voulons faire. Certains comprendront peut-être qu'il s'agit de la loi d'attraction. C'est une loi réelle qui fonctionne et toutes les personnes qui ont réussi, vous diront qu'elles ont d'abord conçu en esprit tout ce qu'elles voulaient faire, et c'est progressivement que leur création mentale s'est matérialisée. La création mentale ne se matérialise que lorsqu'on est capable de faire les choix et de mener les actions qui nous rapprochent de notre but à atteindre. L'action est indispensable pour matérialiser les pensées. Quelques fois, il faut savoir se faire violence.

De manière beaucoup plus pratique, il faut par exemple se réveiller tôt. Ne se réveille tôt et avec conviction que la personne qui sait pourquoi elle se réveille et ce vers quoi conduisent les activités de la journée. Il faut connaitre effectivement les activités à faire dans la journée. Lorsqu'on ne les connait pas, éviter toutes les activités inutiles. Il faut par contre emmagasiner de la connaissance chaque fois qu'on est tenté d'être oisif. S'il faut se retrouver avec des amis, il faut veiller à ce que ce soit des personnes avec qui on peut avoir des échanges constructifs, qui enrichissent intellectuellement et émotionnellement chacun.

Il faut de l'ordre et de la discipline de manière constante dans sa manière de vivre. Il faut profiter de la vie, mais sans que cela ne soit négatif pour la personne que nous voulons devenir. Il faut fuir toutes les personnes négatives et ne s'entourer que de personnes qui nous permettent de conserver notre attitude positive. Il ne faut pas se prendre trop au sérieux. En ce sens qu'il ne faut pas oublier de rire.

Il faut appeler pour prendre des nouvelles plutôt qu'envoyer des messages, on gagne facilement en temps. Il faut déterminer des heures consacrées à la communication avec les êtres qui nous sont chers. Il faut renouer avec les choses simples de la vie, apprendre à passer du temps seul avec sa conscience, apprendre à rire seul en se rappelant des souvenirs et apprendre à profiter de la vie même assis sur une chaise en train de regarder une vidéo de motivation. Il faut éviter de s'enfermer dans des habitudes comme aller tout le temps au restaurant. Apprenez plutôt à faire de bons plats maison. Il ne faut pas que la distraction soit l'objet principal qui occupe notre temps.

La maitrise du temps nait de bonnes habitudes qu'on s'efforce d'avoir tous les jours. Ces habitudes sont en fonction de ce que l'on veut être. L'habitude n'est autre qu'une action répétée tous les jours qui finit par devenir comme un ordre pour notre esprit.

Les bonnes habitudes sont simples dans leurs applications, mais difficiles à conserver. Aujourd'hui, on a même oublié comment faisaient nos parents, il y a quelques années, sans toute la technologie que nous possédons. Ils vivaient simplement pour la plupart. Le monde change et évolue, mais les choix simples sont toujours les meilleurs.

Le plus difficile pour les personnes de ce siècle, c'est de ne pas savoir réellement ce qu'elles veulent. Les aspirations sont dictées par ce que l'on voit sur les réseaux sociaux et à la télévision. La mode fait que la plupart des gens veulent la même chose. Il n'y a que les personnes qui ont le courage d'être différentes qui réussissent. Tout le monde peut réussir, mais tout le monde ne peut pas faire la même chose. Il faut trouver la différence qui nous rend spécial et unique. Il faut exploiter cette différence par une bonne gestion de son temps et une bonne structuration de ses objectifs. Les mots clés pour réussir son ordre et organisation. Le talent ne suffit pas, il faut un travail constant pour ordonner ses objectifs et organiser son temps pour concourir à la réalisation de ses objectifs. Lorsqu'on n'a pas de talent, le travail acharné rend performant et fait naitre une expertise qui peut s'apparenter au talent.

L'APPRENTISSAGE

La connaissance est le seul facteur qui différencie les êtres humains. Nous avons tous physiologiquement le même organisme, mais nos esprits ne sont pas constitués de la même manière. La réussite a un lien direct avec la connaissance. Je ne parle pas de connaissances académiques même si elles sont utiles. Je parle de connaissances de la vie. Connaitre l'impact de nos pensées sur nous et notre environnement. Il faut connaitre les lois qui régissent l'Univers. Les lois qui font qu'on est attiré par telles personnes ou tels cercles sociaux. Prendre conscience que tout ce que nous voyons dans le monde n'est pas forcement la réalité, mais le fruit de nos pensées.

Il faut être un assoiffé de connaissances et être un éternel point d'interrogation. Il y a bel et bien des explications à beaucoup de phénomènes que l'on pense inexplicables. Il faut aller vers ces connaissances, étudier les sages passés, les grands empereurs, puis déceler le point commun entre tous ceux qui parviennent à matérialiser, sans trop d'efforts, leurs créations mentales. Les conditions du 21ème siècle font que l'information est à la portée de ceux qui savent la chercher.

Aujourd'hui, on peut apprendre des choses incroyables sans débourser un franc, ni se déplacer. Il faut s'informer de tout ce qui peut nous être utile. C'est l'abondance de bonnes informations qui fait naitre l'idée qui peut se transformer en une entreprise florissante.

Il faut également apprendre de toutes les personnes que nous rencontrons au quotidien. Chaque personne a quelque chose à nous apprendre. On peut éviter de faire certaines erreurs en écoutant ou en observant une personne qui a commis cette erreur. Les personnes qui peuvent être négative à première vue pour notre bien-être, ont peut-être une immense leçon de vie à nous faire intégrer.

Aimer apprendre doit être égal à aimer se remettre en question. La connaissance ne peut pas nous changer si on ne se remet pas en question. On ne peut pas remplir un verre déjà plein. On ne remplit que le verre vide ou à moitié rempli. Il faut toujours laisser la place au doute et à la remise en question. L'excès de certitudes est un frein pour la réussite et l'apprentissage d'outils de réussite. En effet, la connaissance est un outil de réussite. Elle est un moyen d'atteindre plus facilement les objectifs, car on sait réellement ce qu'il faut faire.

Il faut lire, aimer lire, discuter de ses connaissances et chercher leurs applications pratiques dans notre vie. Il faut toujours savoir quelle peut être l'application pratique d'une connaissance dans notre vie quotidienne. Vous pouvez par exemple lire un livre sur la concentration avec des exercices pratiques. Il faut être capable de savoir en quoi la concentration sera utile dans notre vie et comment intégrer la pratique de ces exercices pour booster notre concentration dans notre quotidien. La connaissance doit donner lieu à une action répétitive pour devenir une habitude positive qui nous permet de réaliser nos objectifs.

PARDON ET HUMILITÉ

Ces deux facultés sont un peu superflues à première vue pour apprendre à maitriser son temps. On parle de facultés parce que pardonner et être humble n'est pas quelques fois facile. Je pense que c'est tellement simple de pardonner et d'être humble que c'est difficile. Il est important lorsqu'on veut apprendre à maitriser son temps, de savoir se pardonner, pardonner aux autres et être humble.

On gagne du temps à pardonner plutôt qu'à entretenir un état d'esprit négatif du fait qu'on veut se venger d'une personne ou plusieurs. La réussite apporte forcément son lot d'épreuves. Lorsqu'on commence à changer et à maitriser son temps, il y a forcément des problèmes en tout genre qui naissent. Il faut trouver la force de pardonner.

Souvent, les gens agissent mal par ignorance. Se concentrer sur un problème futile, c'est consacrer de l'énergie et du temps à la futilité. Il est plus sage de pardonner et de continuer à évoluer plutôt que de rester figé dans le temps sur une situation ou un problème qui s'avère être sans intérêt réel pour nous. Il faut savoir être fort dans l'adversité, mais il faut savoir quand tirer son épingle du jeu des egos.

Au final, généralement les problèmes ne sont jamais résolus à cause des egos. Cela fait perdre énormément d'énergie et de temps à celui qui se soucie de son devenir. Le pardon est un gain de temps non négligeable pour toutes les personnes qui n'ont pas encore eu le luxe de gagner de l'argent en dormant comme les milliardaires.

L'humilité permet également de gagner du temps. Il ne faut pas se rabaisser devant les autres et s'effacer en affichant une extrême modestie. Il ne faut pas non plus se mettre constamment en avant dans toutes les situations. Il faut un juste milieu et un équilibre dans l'expression de notre ego. Il faut savoir rester humble. De toute manière, nous sommes tous appelés à quitter cette Terre ; rien qu'à cause de cette vérité, il faut savoir se montrer humble.

L'humilité permet de rester concentré sur ses objectifs et non sur les autres. Aujourd'hui beaucoup de personne ne parviennent pas à réussir parce qu'elles sont trop concentrées sur ce que pensent les autres. Or, la personne humble n'a pas besoin du regard des autres, elle est profondément indépendante et mène sa vie comme bon lui semble. Elle reconnait la liberté des autres de jouir également de leurs vies et respecte tout le monde. Il faut arriver à respecter même le mendiant que l'on croise au coin d'une rue sans pour autant lui parler ou nécessairement l'aider.

Cela fait gagner du temps de mettre toutes les personnes sur un même pied d'égalité du point de vue humain. On ne s'attarde plus sur les détails ou les futilités qui sont à l'origine des conflits. On considère les personnes pour leur valeur réelle et on décide de faire rentrer dans notre vie celles qui sont les plus conformes à nos idéaux.

On est toujours stupéfait de l'humilité d'une personne tandis que l'attitude inverse exaspère la plupart des gens.

L'humilité permet aussi de passer inaperçu, ou de faire ses activités à l'abri des regards. Il n'est pas toujours important d'attirer l'attention sur soi. Cela peut être destructif lorsqu'on n'a pas encore réalisé la majorité de ses objectifs de vie.

CONCENTRATION ET MOMENT PRESENT

Le mot concentration est beaucoup revenu précédemment. Il est un fait incontestable, les personnes qui réussissent le plus sont celles qui ont une grande capacité à se concentrer sur des ou un élément, une activité ou plusieurs. Qu'est-ce que la concentration ? La concentration est l'aptitude à canaliser toutes ses forces et à focaliser tous les sens, ainsi que les pensées et les émotions pour l'accomplissement d'une tache précise ou la réalisation d'un but. C'est intéressant de noter que dans le mot émotion, on peut retrouver le mot émettre. En effet, les émotions émettent dans l'univers par le biais d'ondes électromagnétiques nos pensées et nos paroles. La loi de cause à effet fait que ces vibrations émises dans l'univers nous reviennent par la perception dans le monde de faits et d'évènements qui sont similaires à nos pensées et à nos paroles. C'est la loi de la résonnance des vibrations qui permet ce retour d'échos de vibrations électromagnétiques que nous émettons par le biais de nos émotions. C'est ainsi que les Hommes ont appelé ce phénomène la loi d'attraction. Cette loi est la compréhension de tout le phénomène vibratoire précèdent et son utilisation dans le but d'émettre des vibrations précises pour créer des causes qui engendreront les effets que nous voulons sous forme de la réalisation de ce que l'on a pensé et émis par les émotions.

Certains, seront peut-être sceptiques et penseront à des phénomènes sans fondement. Les amateurs de physique quantique pourront facilement se retrouver. L'ensemble des phénomènes vibratoires du monde ne sont pas visibles à l'œil humain. Aujourd'hui avec les téléphones nous avons un aperçu de la manière dont les ondes peuvent traverser les murs, défier l'espace et le temps sans créer de stimuli à nos cinq sens. Une personne peut appeler une autre en temps réel sur son téléphone ou son ordinateur, mais chacune d'elles se trouve à un endroit géographique différent. C'est devenu tellement normal qu'on oublie la complexité des lois physiques qui rentrent en action à chaque fois qu'un téléphone ou un ordinateur est allumé ou lorsqu'on émet un appel.

Si on se pose les bonnes questions sur le fonctionnement de toutes les technologies à notre disposition, on peut imaginer la capacité technologique du corps de l'Homme. Il n'y aura jamais de technologie semblable à celle du corps de l'Homme. Le premier outil technologique que la jeunesse devrait chercher à utiliser, comprendre et manipuler, c'est le corps humain pris dans sa globalité.

Ce faisant, la concentration est la capacité de choisir d'émettre toutes les vibrations de son être pour l'accomplissement d'une tache précise ou la réalisation d'un travail particulier. Cela nous permet d'avoir au final le résultat que l'on espère, quelques fois, le résultat va au-delà de nos attentes. On parvient souvent à réaliser ce que l'on peut lorsqu'on consacre l'énergie qu'il faut. C'est comme pour les bodybuilders, personne ne nait musclé, mais tout le monde a la possibilité de développer sa masse musculaire en fonction des prédispositions génétiques. A force de travail et d'acharnement, les muscles se développent. Lorsqu'ils ne se développent pas, c'est qu'on ne doit pas faire correctement certains exercices, ou nous n'avons pas l'alimentation et les habitudes de vie qui participent au travail de musculation. En effet, il ne suffit pas de soulever des poids à longueur de journée, il faut des habitudes de vie qui permettent la réalisation de nos objectifs.

La concentration intervient même dans ce domaine comme dans tous les domaines de la vie. Les bodybuilders qui réussissent à atteindre leurs objectifs de développement musculaire, sont ceux qui ont la capacité de se concentrer facilement lorsqu'ils font leurs exercices et qui sont organisés, disciplinés et ordonnés, dans leur manière d'adopter au quotidien les habitudes qui vont les conduire à la réalisation de leurs objectifs.

Il est donc très important de se concentrer et de savoir se concentrer sur ce que nous pensons, disons et faisons. Cela nous permet également de vivre le moment présent et de ne pas être perdu dans le passé ou les rêveries futures, même si, rêver c'est important parce que cela participe à la création mentale.

Il faut donc devenir conscient de notre potentiel de canalisation de nos énergies et de notre attention vers tout ce que nous voulons voir se réaliser. Tous ceux qui réussissent sont concentrés sur ce qu'ils font. La concentration consciente sur des activités précises permet de réaliser tout ce qu'on veut. Se concentrer c'est également gérer son temps et l'optimiser. On accomplit facilement un travail lorsqu'on est concentré. De surcroit, lorsqu'on est concentré sur une tache, on ne voit pas le temps passer. Lorsqu'on est passionné par une activité, on ne pense plus à autre chose et le besoin de se reposer ne se fait pas sentir. Les personnes les plus riches du monde ne parlent généralement jamais de retraite. Ils continuent à faire ce qu'ils aiment jusqu'à ce que le corps physique les empêche de le faire parce que devenant vieillissant.

Etre concentré, c'est vraiment le secret de la maitrise du temps et de la réalisation de tous les objectifs de vie. Les gens passent du temps sur les réseaux sociaux parce qu'ils sont concentrés lorsqu'ils parcourent leurs actualités. Les heures s'écoulent à ce moment-là sans qu'on ne puisse s'en rendre compte. Il faut utiliser ce phénomène pour mener des activités utiles. Les gens ne parviennent pas à réaliser leurs objectifs parce qu'ils sont distraits et concentrés sur les mauvaises activités. Leur attention est focalisée sur des éléments contraires à leurs aspirations sans qu'ils ne s'en rendent compte.

Le libre arbitre c'est prendre conscience qu'on peut choisir ce sur quoi se concentrer. Il faut se libérer de ce qui accapare inutilement notre attention.

LE SILENCE

Il y tant de bienfaits du silence que beaucoup de personnes connaissent. Le problème c'est que connaitre n'est pas synonyme de mettre en application. Lorsqu'on fait le bilan de sa journée, peu importe le temps où nous avons parlé, les temps de silence dépassent en durée les temps de parole. On ne peut parler pendant 24H. Il est important de savoir maitriser les temps de parole, donc maitriser la parole en exploitant les temps de silence.

Le silence n'est qu'un moment de calme ou l'on se donne l'interdiction d'interagir ou de réagir. L'aspect du silence que la plupart des personnes négligent est le silence émotionnel et le silence mental. De la même manière dont nos lèvres doivent rester closes pour laisser place aux instants de silence, le mental également doit pouvoir être calme et faire preuve de silence. Les émotions aussi doivent pouvoir vivre l'accalmie du silence à certains instants.

Quelle est l'utilité du silence, le silence permet de mieux s'écouter et de mieux écouter. Ceci permet de bien analyser les informations avant d'émettre des pensées, des paroles et des émotions.

Il faut savoir exploiter les instants de silence pour apprendre à écouter ce que nous sommes vraiment, ce que nous voulons vraiment et ce que nous voudrons vivre dans un futur proche. Il faut savoir utiliser le silence comme un outil qui nous permet de nous détacher momentanément de l'instant présent pour mieux vivre l'instant d'après.

Toutes les grandes réalisations de ce monde commencent par le secret qui est un silence extériorisé. On se fait violence en gardant silencieux tout ce qu'on fait pour que lorsque ce sera relevé à un plus grand nombre ce soit parfait.

L'exemple parfait est le domaine de la musique, plus précisément la manière dont les grands artistes arrivent à composer les plus belles mélodies et les plus belles chansons. Ils commencent par entendre une mélodie entre leurs instants de silence mental. Le silence parle lorsqu'on sait l'écouter. Le mental peut produire des réflexions extraordinaires lorsqu'on sait faire taire certaines pensées négatives et non conformes à nos aspirations.

L'artiste exploite ce qu'il peut puiser dans ces instants de silence et les instants d'écoute de son mental. Il se met à transcrire ces découvertes dans les notes musicales et les accords d'instruments. Viennent quelques fois les paroles qui doivent accompagner la mélodie. Durant tout ce processus, on ne parle presque pas de ce qui se passe à des tierces personnes. On commence à dévoiler progressivement la mélodie à des personnes qui nous sont proches. Ce n'est que très tard que le public prend connaissance d'une œuvre qui était déjà prête longtemps avant son dévoilement.

Ceci est le chemin le plus sûr pour mener à bien une action ou matérialiser correctement une création mentale. Lorsqu'on prend le temps de faire silence et de s'écouter, nous gagnons du temps parce que nous l'exploitons correctement. La concentration engendre le silence, car lorsqu'on est concentré nous n'avons plus conscience des bruits extérieurs.

Le silence est support de la concentration. Qui sait faire preuve de concentration, sait faire preuve de silence. Il faut néanmoins conserver cette envie d'interagir, car être silencieux ne veut pas dire ne pas communiquer. Être silencieux, c'est savoir comment communiquer et à quel moment communiquer. Être silencieux et savoir utiliser le silence, c'est savoir à quel moment et comment émettre des pensées, des paroles et des émotions.

C'est difficile de faire ce travail à tout moment, mais il faut s'efforcer de le faire chaque fois qu'on constate que les paroles, les pensées et les émotions ne correspondent pas à ce que nous sommes et voulons être.

Etre silencieux, c'est gagner du temps en allant à l'essentiel, car on sait à quel moment il faut utiliser la parole et les temps de parole.

LE BONHEUR

Le bonheur a beaucoup à voir avec le temps. Le bonheur est un état d'équilibre parfait entre ce que nous sommes au présent, ce que nous étions hier, et ce que nous voulons être dans le futur. Le bonheur c'est lorsqu'on est en paix avec son passé et que nous avons confiance en l'avenir malgré les incertitudes du moment présent. La confiance et la foi sont indispensables au bonheur. Pour être heureux, il faut que nous puissions avoir confiance en nous et nous devons avoir foi en notre capacité à réaliser tout ce que nous voulons.

On dit souvent que chacun doit trouver le bonheur ; le trouver ou plutôt le fabriquer. Le bonheur est comme un barycentre en mathématiques. Le barycentre est un point à l'intérieur d'une figure géométrique, formé par l'intersection de toutes les droites allant du milieu des cotés respectifs de la figure vers le centre de celle-ci. Les droites issues du milieu de chaque côté finissent par se croiser pour créer un centre qui est le centre de gravité de la figure géométrique. Ce centre est un point d'équilibre où tout converge. Le bonheur est un point d'équilibre et un centre de gravité qu'il faut trouver à chaque moment, car nous évoluons et changeons constamment. Le centre de gravité qu'est le bonheur doit pouvoir également changer et évoluer. À chaque instant, il est redéfini en fonction de ce que nous sommes à un moment précis.

Ce n'est pas facile de trouver cet équilibre du bonheur. Dans un autre sens, on peut dire qu'il est facile de trouver le bonheur, mais les choix qui nous permettent de le vivre sont difficiles à prendre. Le bonheur en lui-même est facile, la difficulté se trouve dans les choix que nous prenons pour parvenir à un équilibre dans notre vie.

Être heureux, c'est tirer de la joie de toutes les situations de la vie. Nous pouvons être dans un moment de peine, mais trouver la paix et avoir foi au moment de joie qui va suivre. Aucune situation n'est définitive. Tout change de manière cyclique. Nous avons des périodes de joie intense et de périodes de peine. Le bonheur, c'est savoir les considérer de la même manière. Les moments de peine doivent être considérés comme une préparation à des moments de joie beaucoup plus intenses que ceux que nous avons connus dans le passé.

C'est en cela, que la philosophie selon laquelle le meilleur serait toujours à venir est une vérité aussi vraie que la loi de la gravité dans l'univers. Lorsque nous sommes petits, nous vivons des instants en pensant qu'ils seront les meilleurs de notre vie. Devenu adulte, on vit des instants de joie encore plus intenses que ceux que nous avons vécus dans l'enfance. On se dit même que ce sont les meilleurs de notre vie. La vérité c'est qu'il en viendra toujours d'autres, bien meilleurs. Nous oublions souvent qu'entre ces moments de joie depuis notre enfance jusqu'à l'âge adulte, il y a eu plusieurs moments de peine et quelques fois de souffrance. Ces moments de peine dans le fond ont préparé notre aptitude à mieux apprécier les instants de joie que nous avons vécus. Sans le passage par ces moments de peine, la joie future ne serait pas aussi intense au point de dépasser celle des instants de joie passés. Le bonheur c'est prendre conscience que le temps concourt toujours au bien. Le temps est toujours en faveur de notre bien-être.

LES SACRIFICES POUR LA REUSSITE

La réussite demande des sacrifices. La capacité à bien gérer son temps pour réaliser ses objectifs demande des sacrifices.

Le bodybuilder qui va à la salle de sport sacrifie beaucoup de choses pour consacrer autant de temps à l'atteinte de ces objectifs. Il sacrifie des moments devant la télévision, devant les réseaux sociaux et ceux où on peut mener des activités inutiles.

L'artiste pour transformer une mélodie dans son mental en une grande œuvre majeure, a besoin de sacrifier les moments où il pouvait vaquer à des occupations moins utiles, mais peut-être distrayantes. On doit absolument sacrifier des activités pour consacrer notre énergie à celles qui sont réellement utiles pour nous.

Il y a un prix à payer en temps, énergie, silence et concentration pour réaliser nos objectifs de vie. Il faut également savoir se séparer des mauvaises habitudes, des mauvaises influences et des personnes nocives pour notre épanouissement. Il y a donc un réel travail à faire, pour prendre conscience de ce qu'il faut sacrifier pour prendre possession entière de notre existence. Il faut se déposséder de certaines choses pour en conserver d'autres et en posséder de nouvelles. La difficulté se trouve dans les choix des sacrifices que nous devons faire. Il faut être prêt à se documenter, utiliser correctement son temps et ne pas se disperser.

COMBIEN Y A T'IL DE MORTS PARMI LES VIVANTS, ET D'INTELLECTUELS MORTS PARMI LES DIPLOMÉS ?

Il est important de remarquer qu'au 21ème siècle, nombreuses sont les personnes qui vivent sans vivre réellement. Nombreux ne savent pas vivre le temps présent et ne font que passer sur Terre. Cela devient même quelques fois grave dans la mesure où certains deviennent des spectateurs de leur propre vie en ne prenant pas possession du temps qui leur est accordé pour vivre sur Terre.

Le système éducatif est conçu pour ne pas donner à un être humain tous les outils nécessaires à son développement personnel. Plus rapidement les gens prendront conscience de cette vérité, plus rapidement chacun trouvera des moyens alternatifs pour développer son potentiel indépendamment du système éducatif.

En effet, les seules classes où on incite vraiment les êtres à développer leur créativité se trouvent à la maternelle. Encore que, les techniques utilisées ne sont pas toujours les meilleures. Néanmoins, on fait faire souvent à l'enfant des exercices libres où il peut créer et imaginer. Puis, dans les classes supérieures, en fonction des systèmes éducatifs, il peut y avoir des matières qui forcent l'enfant à être créatif comme l'art plastique par exemple.

Le problème du système éducatif c'est qu'il ne montre pas l'utilité réelle de toutes les connaissances assimilées au moment où on les apprend. Il y a des matières qui peuvent faire exception, mais cela est souvent rare. Le vrai problème c'est qu'on n'apprend pas aux gens comment utiliser leurs connaissances pour réaliser tous leurs objectifs de vie. On n'enseigne pas comment rendre vivante sa connaissance et profiter pleinement de la vie.

On n'apprend pas comment devenir milliardaire ou comment être heureux. Le plus essentiel de ce que tout être humain cherche dans la vie ne s'apprend pas à l'école. Cela revient à dire que chaque personne a la responsabilité de prendre elle-même son devenir en mains. Nous avons tous la responsabilité de chercher des moyens pour développer nos aptitudes.

L'une des différences entre les personnes qui profitent de la vie et celles qui vivent comme des robots, est la capacité à imaginer et à créer. Ces deux facultés permettent à une personne de trouver les moyens de mettre en pratique ces connaissances théoriques. Elles permettent de créer des services donc un savoir-faire inexistant.

Aujourd'hui, on remarque que les coachs en développement personnel sont mieux rémunérés que les professeurs d'université. Le professeur d'université apprend des connaissances mortes dans le sens où il ne montre pas à chacun comment utiliser son potentiel intrinsèque pour arriver à ses fins dans la vie. Le coach en développement personnel accompagne ses étudiants dans chaque étape de leur évolution. Il emmène son étudiant à transformer son savoir en savoir-faire personnalisé. Il emmène chaque personne à trouver ce que seulement elle peut faire. Il emmène chacun à rendre ses connaissances authentiques et vivantes.

Les gens sont prêts à payer de grandes sommes d'argent pour justement avoir un coach qui les accompagne dans un voyage à l'intérieur de leur propre conscience. Le coach ne fait pas grand-chose sur le plan physique ou intellectuel. Toute son action se situe au niveau de la conscience. Il doit emmener ces étudiants à prendre conscience de leurs capacités intrinsèques dans le but d'utiliser leur imagination pour dépasser leurs limites. On dit souvent que la limite c'est le ciel. On devrait dire que la limite se situe dans notre conscience. On peut normalement par exemple utiliser les mathématiques pour tout, il suffit juste d'être créatif.

Le professeur d'université n'est pas mieux rémunéré qu'un coach en développement personnel parce que tout simplement, les connaissances qu'il enseigne ne permettent pas aux étudiants, de développer leur potentiel et de vivre heureux.

Combien y a-t-il de morts parmi les vivants ? Une question que l'on trouve dans un livre de vérités éternelles. Combien avons-nous d'êtres humains incapables de penser par eux-mêmes, soumis exclusivement aux influences des autres. Combien avons-nous d'êtres humains qui passent leurs vies dans la théorie sans jamais mettre en pratique le savoir qu'ils ont acquis. Combien avons-nous de personnes qui parlent d'amour sans aimer. Combien avons-nous de personnes qui parlent d'écologie sans avoir planté un arbre.

La plupart des jeunes ont besoin d'être embauchés dans une entreprise parce que leur savoir est mort. Il ne peut même pas leur servir. Ils doivent donc être embauchés par une personne qui a fait preuve d'imagination en trouvant une idée, puis a consacré de l'énergie à matérialiser son idée, ensuite recruter des personnes dotées de connaissances théoriques suffisantes pour mettre en application l'idée d'entreprise au quotidien. Celui qui a l'idée d'entreprise vit le moment présent et vit pleinement sa vie. Il recrute des personnes qui ne savent pas quoi faire de leurs connaissances pour leur montrer comment les utiliser, mais pour servir au final son propre intérêt. Il en est fait mention dans quelques écrits de la loi des talions. En résumé, cette loi affirme qu'à celui qui a, on donnera et à celui qui n'a pas on retirera même le peu de chose qu'il a. Celui qui n'a pas développé la capacité de matérialiser ses idées et ses pensées, se retrouvera dans l'obligation de vivre dans les idées et les pensées des autres. Peu importe le salaire que l'on gagne dans une entreprise, on ne va jamais dépasser la rémunération des actionnaires et de ceux qui font partie du top management de l'entreprise. On arrive dans une entreprise mort intellectuellement et cette dernière nous fait vivre en nous indiquant le fonctionnement des activités, comment employer ses connaissances. Il s'avère même quelquefois que l'étudiant qui est embauché remarque qu'il n'utilise même pas la totalité des connaissances acquises par sa formation académique.

La retraite a été conçue justement pour qu'on laisse se reposer, des personnes qui ont consacré une grande partie de leur vie à servir les intérêts d'autres personnes, qui elles ne vont pas forcément à la retraite. Celui qui vit de son idée d'entreprise n'a pas besoin d'aller à la retraite. Celui qui sait utiliser ses connaissances travaille toute sa vie et meurt en travaillant. Il adapte son travail aux différents moments de sa vie. Le repos est quelquefois superflu, car lorsqu'il ne travaille pas, il s'ennuie.

Cela revient au cours de philosophie sur le travail que la plupart des élèves ont négligé ou mal compris durant leur passage au lycée. Le travail peut être facteur d'aliénation ou facteur d'épanouissement.

De nos jours, avec les nouveaux métiers créés par les réseaux sociaux, on peut prendre conscience de la manière dont une personne peut vivre et travailler en s'amusant. Il y a plusieurs personnes qui ne vivent que de revenus issus de leurs activités sur les réseaux sociaux. Elles semblent s'amuser, mais gagnent leur vie. Elles vivent effectivement et profitent de leur temps.

Pour profiter de son temps, vivre l'instant présent et être heureux, il faut apprendre à être vivant. Il faut apprendre à travailler pour soi. Il faut apprendre à utiliser ses connaissances dans tous les domaines de sa vie. Il faut pouvoir être créatif. Il faut pouvoir être dans l'action.

Etre vivant en définitive c'est être dans l'action, une action voulue et souhaitée en pleine conscience. Celui qui a imaginé une entreprise doit faire l'effort d'agir en affrontant toutes les difficultés matérielles pour arriver à rendre vivante son idée. L'action c'est ce qui permet aux pensées de prendre forme dans le temps et l'espace. Il est plus facile d'être recruté parce que c'est plus facile d'être un acteur passif de la société plutôt que d'être un acteur actif de la société. Il est plus facile de faire dépendre certaines de ses responsabilités d'être humain à d'autres qui ont le courage d'être actifs, parce que nous sommes passifs. C'est plus facile de travailler, parce qu'une personne a fait l'effort de lutter pour la matérialisation de son idée, plutôt que soi-même avoir une idée et lutter pour qu'elle se matérialise. C'est facile d'être payé pour que son temps de vie appartienne à une autre personne, car on ne veut pas sortir de notre zone de confort et prendre des risques. Être vivant c'est développer la capacité à se détacher de sa zone de confort.

Pour vivre pleinement sa vie et profiter du temps, il faut être dans le temps présent, être dans l'action à chaque instant. Pour s'épanouir, en étant dans une action continuelle, il faut avoir rendu vivantes ses connaissances, les utiliser pour matérialiser ses idées et ses pensées. Il ne faut pas travailler pour prendre des vacances. Il faut que le travail soit les vacances. Un travail qui correspond parfaitement à tout ce que nous sommes. Un travail que seul nous savons faire. Le nombre de personnes peuplant la Terre ne sera jamais supérieur au nombre d'idées que l'esprit humain peut concevoir. Les idées sont illimitées. Les possibilités de travailler et d'utiliser son temps à sa convenance sont illimitées.

Il ne faut pas être intellectuel en étant mort à la vie. Une mortification créée par notre passivité vis-à-vis des évènements de la vie et de notre propre vie.

La société est une création mentale collective où il n'y a que ceux qui vivent en étant actifs, qui peuvent participer au processus de création. Ce sont les personnes qui participent au processus de création que l'on appelle les puissants ou les riches. La seule différence avec le reste de la population se trouve dans la prise de conscience de la capacité de chacun à modifier la création mentale collective, par sa capacité à être actif et à donner vie par l'action à ses connaissances, ses pensées et ses idées sans se préoccuper de ce qui a été accompli avant ou des dogmes d'hier.

Soyez co-créateur de la création mentale collective qu'est le monde, car ce dernier n'est qu'un ensemble de pensées, d'idées et d'émotions rendues vivantes dans l'espace-temps par l'action individuelle et collective. Chacun participe à la création en fonction de sa capacité à prendre conscience de son implication consciente et inconsciente dans la création universelle.

Tout ceci permet d'optimiser son temps de vie en vivant pour accomplir ce que nous voulons vraiment.

LE POUVOIR DE L'INTENTION

L'intention derrière chacune de nos actions est une énergie au potentiel insoupçonné, qui détermine la pérennité de nos actions dans le temps et l'espace. En effet, nous n'avons pas conscience que l'intention est le seul élément d'appréciation qui peut faire qu'une action est bonne ou mauvaise fondamentalement.

Nous posons quelques fois des actes sans prendre conscience des intentions qui se cachent derrière. Celui qui connait l'intention qui guide chacune de ses actions, peut facilement connaitre les effets qu'elles ont.

Il faut donc apprendre à se poser la question de savoir quelle est l'intention qui se cache derrière notre action à chaque instant.

Le monde est fait de telle sorte que ce ne sont que les actes empreints d'intentions positives qui réussissent à drainer, facilement et rapidement, l'énergie nécessaire pour matérialiser nos désirs. C'est en cela qu'on se demande souvent comment des personnes négatives de nature parviennent à réaliser de grandes choses. Lorsqu'on y regarde de plus près, généralement leurs actions sont empreintes d'intentions positives, qu'elles soient conscientes de cela ou non, car leurs actions profitent également à un plus grand nombre. On se demande comment certains ont pu dompter la chance. Il ne faut plus chercher loin, cherchez à connaitre et à comprendre les intentions derrière les actions.

Pourquoi voulez-vous réussir ? Pourquoi voulez avoir cette relation amoureuse ? Pourquoi voulez-vous entretenir une image particulière de vous ? Pourquoi voulez-vous être heureux ? Pourquoi défendre une cause ? Pourquoi faire telle activité ?

Les questions sur le pourquoi derrière nos actions sont illimitées. Il n'y a que les personnes qui accomplissent des actes destinés à faire le bonheur d'un plus grand nombre de personnes, qui inscrivent de manière durable leurs actions dans le temps. On se demande par exemple comment le patron de Facebook a pu devenir aussi riche. Son intention première lors de la réalisation de son projet, était de vouloir connecter tous les étudiants de son campus, afin qu'ils puissent disposer d'une plateforme de communication qui facilite les échanges et les interactions. L'idée était simple et elle participait à rendre un plus grand nombre de personnes heureuses. Le fondateur du PC Macintosh avait pour objectif de vendre à tous les Américains un ordinateur de qualité, innovant et facile à utiliser. Vous pouvez parcourir l'histoire à la recherche des grands actes et des grandes entreprises. Lorsque vous trouverez l'intention qui se cache derrière chaque grande réalisation de l'histoire, vous constaterez que l'intention première était de servir l'autre.

L'intention qui a créé les institutions financières et la monnaie était bonne. Il fallait permettre à tout le monde de sécuriser son trésor et de disposer d'un moyen d'échange facile à transporter, qui permet aux uns et aux autres de ne pas se déplacer avec leurs biens ou avec de grandes quantités d'or.

Aujourd'hui, on peut retrouver dans notre système monétaire beaucoup de pratiques qui cultivent le culte de l'ego et la prédation des ressources. Nous sommes dans un monde de dualité. Il y a toujours une possibilité d'accomplir de mauvaises actions avec une bonne intention au départ ou vice-versa. Il est donc normal que toute bonne intention finisse parfois par être corrompue par une mauvaise action. De ce fait, ce ne sera jamais les systèmes qui seront condamnables par essence, mais les Hommes et par extension l'Humanité. C'est un travail difficile que de conserver le cap en s'efforçant d'avoir de bonnes intentions. C'est un travail constant sur nous-même en tant qu'individu avant de s'appliquer aux autres. Il est donc nécessaire de faire l'exercice d'avoir de bonnes intentions, même si les actions peuvent paraitre mauvaises aux yeux d'autres personnes.

Il n'y a qu'en ayant de bonnes intentions qu'on peut réaliser de grandes choses. La personne qui recherche l'amour véritable dans ses relations amoureuses, même si elle brise des cœurs en attendant de le trouver, finira par avoir gain de cause, car l'intention qui la pousse à se mettre en relation avec une autre personne est bonne. Or, celles qui font l'inverse, en disant chercher l'amour, mais au final ne le cherchant pas vraiment ; cherchant même d'autres choses qu'elles n'ont pas le courage de s'avouer et d'avouer en pleine conscience, finissent généralement malheureuses.

Ce qui est valable pour les relations amoureuses, est valable pour tous les domaines de la vie. Il faut apprendre à bien faire les choses en ayant de bonnes intentions pour gagner du temps dans la vie et être heureux. Les intentions négatives, derrière nos actions, sont sur le long terme à l'origine de tous les maux que l'on peut vivre durant le temps qui nous est accordé de la naissance à la mort.

LE POUVOIR DU DÉTACHEMENT

L'utilisation du mot pouvoir dans le titre des deux derniers chapitres n'est pas anodine. En effet, les pouvoirs existent, mais comme le commun des mortels les conçoivent. Le cinéma, les dessins animés et certaines histoires allégoriques ont fait que l'être humain a perdu le sens profond de ce que sont réellement les pouvoirs. Ils ne sont rien d'autre que des capacités, des facultés, des aptitudes, etc. On peut leur donner plusieurs noms, mais fondamentalement, ils permettent juste à l'Homme d'avoir une maitrise de sa vie. Ils permettent à chaque être humain de pouvoir vivre la vie dont il rêve tous les soirs, et d'accomplir tous ses désirs les plus nobles. L'intention a donc un pouvoir au même titre que le détachement. La meilleure formulation serait de dire que l'intention comme le détachement ont une capacité de canalisation des énergies en l'Homme et autour de l'Homme pour les utiliser dans un but précis.

Le détachement a été évoqué quelques fois dans les chapitres précédents. Il serait dommage de parler du temps sans parler un peu plus du détachement. Ce temps limité que nous nous exerçons à utiliser de la bonne manière, nous conduit progressivement vers la fin de notre vie terrestre. Il faut être attaché au temps, mais il faut aussi pouvoir se détacher du temps lorsque les circonstances vont l'imposer.

De ce fait, de la même manière dont il faut savoir se détacher du temps, il faut également savoir se détacher des choses de la vie. Il faut savoir garder quelquefois une distance face aux évènements de la vie. Il faut savoir mourir pour mieux renaitre. Il faut savoir se séparer de tout ce qui peut nous empêcher de profiter de notre temps sur Terre, car les secondes sont trop précieuses pour être gaspillées par des liens physiques, émotionnels et intellectuels qui détournent notre énergie des choses essentielles.

Il faut se détacher de l'envie d'avoir raison à tout prix. On ne le dit pas assez, la paix et le bonheur valent mieux que d'avoir raison. Il faut laisser notre vie être le témoignage de nos vérités plutôt que de les défendre sans être compris par un plus grand nombre. Il faut se détacher du regard des autres pour mieux se regarder soi-même et diriger son regard dans la direction qui nous intéresse sans se soucier de qui que ce soit. La capacité à se détacher revêt un caractère très pratique et utile pour ceux qui veulent maitriser leur temps de vie sur Terre.

Il faut se détacher des combats qui nous prennent de l'énergie sans être constructifs pour nous-même, ou pour les autres. Toutes les guerres ne sont pas bonnes à livrer. Tous les combats ne doivent pas être gagnés. Il faut quelquefois perdre et savoir le faire avec dignité. Apprendre à utiliser le détachement, c'est apprendre à encaisser les coups de la vie en restant positif. Le détachement doit donner suite à un attachement de meilleure qualité plus conforme à nos idéaux.

Lorsqu'une personne passe un bon bout de temps sans relire un livre qu'elle a beaucoup apprécié, le jour où elle recommence à le lire, elle apprend de nouvelles choses qui n'avaient pas forcément attiré son attention au départ. Le fait qu'elle se soit détachée du livre durant un bon moment lui a permis de mieux l'apprécier à la relecture. Lorsqu'on est préoccupé par un problème particulier et qu'on cherche les solutions de manière incessante, sans pouvoir les trouver, c'est parfois en oubliant, donc en se détachant momentanément du problème, que l'on parvient à trouver finalement la solution.

Une personne préoccupée par un problème, mais qui sans avoir trouvé de solution, se donne un moment de break pour discuter avec des amis et rire aux éclats, trouve généralement la solution de manière intuitive durant une conversation, qui à la base ne concernait pas son problème.

Les exemples pour exprimer les bienfaits du détachement sont très nombreux. Plutôt que de se laisser guider par le hasard, on peut apprendre à utiliser le détachement en pleine conscience ainsi atteindre l'équanimité.